AF248310

M. JANVIER.

ÉLOQUENCE

JUDICIAIRE,

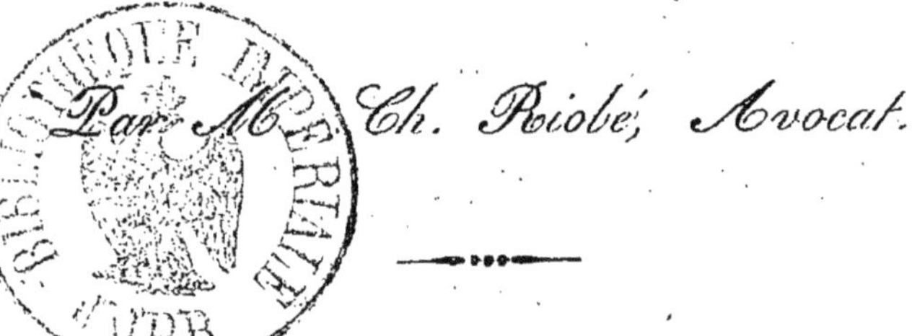

Par M^e Ch. Riobé, Avocat.

Angers,

LAUNAY-GAGNOT, IMPRIMEUR-LIBRAIRE.

1838.

UN MOT.

En publiant ce travail sur un avocat d'un mérite incontestable et, toutefois, d'une appréciation délicate, nous éprouvons le besoin de dire sous quelle inspiration nous l'avons conçu. M. Janvier ne rentre point dans une de ces classifications qui sourient à la critique; son talent ne se soumettrait point à l'analyse qui poursuivrait en lui les éléments de la spécialité ordinaire de l'éloquence du barreau. Métaphysicien à un dégré éminent, orateur par la verve et l'image qui s'épanouit sur le sein d'une sensibilité profonde, M. Janvier exige de l'observateur qu'il le saisisse dans la manifestation élevée de sa pensée, et laisse, un peu dans l'ombre, l'aspect d'ailleurs d'un intérêt secondaire de l'avocat praticien. L'homme gagne d'autant plus à être pris dans cette spécialité, qu'il y déploie à l'aise les ressources que nous lui demanderions dans la plaidoirie journalière, de sorte que l'aspect général sous lequel nous l'envisagerons, sera aussi la synthèse fidèle de son talent. Commençant par le philosophe, nous ferons ressortir la précision et le tour remarquable de sa formule, et nous ne reculerons point devant l'emploi de la phrase, vague pour bien des gens, positive pour nous, d'une sévère métaphysique; nous passerons de la pensée à la forme oratoire, empruntant alors à l'imagination quelques-unes de ses ressources pour amener plus exclusivement le lecteur à l'intelligence d'une parole souvent noble et pathétique. Vu avec cet instinct de choses nobles et grandes, à la saillie de la société dont la v ie morale s'efface de plus en plus sous le flot ascendant des spéculations intéressées, M. Janvier dessine un profil hardi dans son originalité. C'est ainsi que nous avons compris cette organisation en quelque sorte exceptionnelle qui sût se tracer une voie exceptionnelle aussi à travers l'éloquence du siècle ; puissions-nous avoir réussi dans notre tâche de la faire sentir et comprendre par tous, et nous aurons atteint un but utile , car la connaissance du talent est aussi une conquête pour l'esprit.

CÉLÉBRITÉ ANGEVINE.

M. JANVIER.

La parole, dit Quintilien, est le plus bel attribut de l'homme, celui qui fait ressortir le plus en grand la supériorité de sa nature. Obéissant au goût passionné des sociétés antiques pour l'art qu'il médita toute sa vie, cet orateur philosophe analyse avec une puissance pleine de charmes les ressources diverses que l'éloquence emprunte aux trois divisions de l'école, genre démonstratif, genre délibératif, genre judiciaire, et semble accorder la préférence à ce dernier. Cicéron était allé plus loin, et quoiqu'admirant, à chaque page, Démosthène qu'il appelle l'orateur divin, il n'hésite nullement à proclamer le triomphe de l'éloquence judiciaire. Nous n'avons point, aujourd'hui, à nous appesantir sur ce jugement du prince du barreau romain, peut-être y reviendrons-nous plus tard, dans un travail spécial et d'une portée toute théorique ; nous nous contentons de dire que des trois genres d'éloquence, celui qui sait le mieux surprendre et captiver, au premier abord, qui fournit, au premier regard, le luxe le plus éblouissant de la parole est, sans contredit, le genre judiciaire : aucune des manifestations du caractère, de la pensée, de l'amour ne lui est interdite ; l'esprit ne lui refuse pas ses faciles et piquants agréments, il s'élève au pathétique, se tient, par la discussion, dans un milieu mesuré, et descend, sans s'abaisser, à l'usage de l'ironie mordante et du sarcasme déchirant. Mais cette sphère brillante a pour centre l'individu ; de là deux vices radicaux : exagération, en fait de sentiment, erreur, en fait de pensée, car quelqu'élevée et auguste que soit la personne sur laquelle roulent l'accusation et la défense, elle n'aura point assez d'éclat, ne comportera point assez de vérité pour assouvir le besoin de l'éloquence qui, dès-lors, forcera naturellement la limite des faits et de la mesure, et consumera dans la parure d'une éblouissante surface la force qu'elle ne saura nourrir de l'unité ; telle est l'explication de ce fameux mot de Brutus : l'éloquence de Cicéron manque de reins.

L'avocat supérieur fixera donc l'attention par sa facilité à jeter sur tous les sujets une parole à la fois brillante et profonde, animant l'idée par la verve qui la découpe en formes saillantes, pittoresques. Dire bien, formuler avec éclat sa pensée, dessiner les mouvements d'une phrase tour à tour harmonieuse et hardie, s'élancer avec audace contre un auditoire hostile, proclamer la bonté de sa cause au milieu des éclairs d'une péroraison ascendante, tel sera l'orateur du barreau. Pour quiconque a fait connaissance avec le célèbre avocat dont l'Anjou est fier, il sera évident que nous avons esquissé le trait caractéristique du talent de M. Janvier. Deux mots expriment parfaitement le genre de cet avocat : sa parole est abondante et audacieuse, la verve ne l'abandonne jamais. La nature a donné avec profusion à M. Janvier ce que tant d'autres n'obtiennent que par un travail obstiné et de toute la vie ; l'idée naît spontanément en lui, tandis qu'une mémoire prodigieuse fournit abondamment les notions sur lesquelles elle se déploie systématique et prodigue de remarques aussi ingénieuses que profondes. Ce développement aisé de l'intelligence sera sans doute, l'occasion de quelques écarts de la pensée, de quelques négligences de méthode, mais à coup sûr il compensera ces légers défauts par l'originalité de l'expression, la fraîcheur de l'idée et la hardiesse d'une nature qui trouvant en elle sa force, s'élance impétueuse, heureuse de sa puissance et de sa liberté. Une telle organisation révèle fierté et grandeur ; M. Janvier a laissé dans le barreau angevin le souvenir d'un noble caractère et des inspirations les plus généreuses ; il a traversé l'arène judiciaire guidé par le même sentiment qui féconde et distingue sa parole ; l'audace de l'avocat, la hauteur de la pensée, impriment à son caractère le relief de la noblesse ; ce que nous disons, le barreau angevin serait prêt à le répéter avec nous.

L'esprit humain ne produit un œuvre durable qu'autant qu'il procède éclairé, soutenu par un ensemble systématique d'idées ; mais dans tel cas il montrera au grand jour son système, dans tel autre il le cachera, comme le moule inutile de la conception qui en sera sortie riche de ses éléments d'harmonie ; telle est la différence de la

philosophie et de l'art ; voilà pourquoi Démosthène, qui chasse la forme philosophique de l'é-
loquence réduite par lui à ses éléments constitu-
tils, l'argumentation et la véhémence, est, selon
nous, la personnification immortelle de l'art oratoire. Mais il n'a point été permis aux sociétés
modernes de s'élever à un type si parfait ; l'éloquence moderne s'est modelée bien plus sur
Cicéron que sur l'orateur grec ; ce qui est pis,
elle ne l'a fait qu'en gâtant son modèle, car elle
s'est alliée intimement avec la philosophie et,
dans son ambition des contrastes, elle se pose
au sommet du système pour s'élancer plus à
l'aise dans les flots de l'harmonieuse période. Le
dix-huitième siècle a développé démesurément
le mal ; la révolution l'a fait passer dans les
mœurs ; aujourd'hui que les vastes intelligences,
les Bâcon, les Descarte, les Bossuet, les Leibnitz,
reposent dans la tombe privées de postérité,
nous voyons la philosophie agiter tous les cer-
veaux et se réduire à leur mesure ; après la métaphysique, cette épopée de l'intelligence, est
venue la psycologie, travail commun et facile,
de même que le tableau de genre vient remplacer
la fresque de Michel-Ange et la toile religieuse
de Raphaël.

M. Janvier n'a point suivi cette route vulgaire,
il s'est placé comme avocat philosophe dans ce
sentier peu fréquenté où gravirent de nos jours
les Bonald et les Lamenais. Amoureux des choses
saillantes, aristocratie choisie du talent, M. Janvier dédaigna cette méthode prudente et méticu-
leuse d'une philosophie qui se fait vieille et ra-
dote, il oublia le livre d'Edimbourg, pour vouer
ses moments les plus précieux au culte de la
mystique Allemagne. Que l'on ne nous fasse pas
dire ce qui ne serait pas notre pensée : nous éta-
blissons ce fait que M. Janvier recherchait dans

une haute philosophie , la substance d'idées
grandes et sérieuses. Ce qu'il lui fallait, c'était
d'y puiser la richesse d'un langage oratoire
digne interprète des méditations du génie. Un
jour, ce génie, dans un de ces temps de trouble
où les idées se heurtent et se combattent, pourrait avoir recours à l'éloquence de la défense ;
Lamenais pourrait être réduit à appeler l'orateur à son aide; cette circonstance est écrite
dans les annales du barreau français, et, chose
remarquable, la première intelligence de l'époque s'adressa à M. Janvier. Ce choix est plus dé-
cisif que tout ce que nous pourrions dire; pourquoi n'avons-nous pas vu à la droite de l'écrivain
soit les Dupin, soit les Berryer, soit les Barrot?
C'est que, et nous le disons dans toute la sincé-
rité de notre conviction , M. Janvier était l'homme
qui convenait plus que tout autre; Il pouvait
expliquer le génie accusé tant par la formule
historique que par l'abstraction philosophique ;
il fallait à M. De Lamenais l'orateur qui donnât à
sa pensée le cachet de la verve oratoire, M. Janvier a prouvé qu'il était cet homme, cet orateur.

C'est ici que nous avons à mettre à nu la fai-
blesse de l'éloquence judiciaire ; nous le ferons
en posant cette question : M. Janvier accepte-t-il
la doctrine qu'il a développée dans la défense de
M. De Lamenais? Cette question restera insoluble
puisque l'avocat a pour mission de se placer dans
tout système honnête soutenu par son client.
Quelques mots feront sentir combien profond est
ce vice de l'éloquence judiciaire.

En 1831, année où il fut accusé d'avoir excité
à la haine et au mépris du gouvernement,
l'abbé De Lamenais avait déjà fondé le jour-
nal l'*Avenir*, et lui avait donné pour devise :
« Ordre de foi, ordre de liberté. » Cette devise ré-
sumait parfaitement le système de l'écrivain qui,

séparant de fait l'Eglise et les sociétés, laissait
celles-ci se mouvoir dans la sphère de la liberté et
ne les rattachait à l'Eglise que par la soumission
aux solutions des questions relatives à l'ordre de
foi, solutions données par le pape, sous le pouvoir
spirituel duquel agissait le pouvoir temporel de
l'Univers. Ce système voulait mettre en harmonie
deux principes ennemis et qui se sont récipro-
quement réduits en esclavage dans l'histoire
moderne. La foi se base sur l'impuissance de
l'intelligence humaine qui accepte de Dieu la
révélation des vérités absolues groupées autour
de la vérité de la création ; elle se perpétue par
la tradition qui s'impose et ne se discute pas ;
elle entre dans chaque individu par la grâce qui
n'est que l'émanation de l'amour dans toute sa
pureté, vivifiant et dominant l'intelligence.

La liberté, dans l'acception que M. De Lamenais donne à ce mot, est à la fois politique et
philosophique ; c'est l'esprit d'examen appliqué
à toutes les questions qui ne sont pas résolues
directement par le pouvoir spirituel, questions
d'ordre social innombrables et difficiles. On comprend toutefois, que la fin d'une société n'étant
que le corrollaire de la fin de l'homme, la révélation qui fait connaître celle-ci, ferait connaître
indirectement la première, et les peuples n'au-
raient réellement à résoudre que des questions
de fait et de chiffres.

Une seule observation critique suffisamment
ce système : l'esprit humain ne peut se séparer
de la méthode qu'il exerce habituellement ; ré-
fléchir n'est pas un acte isolé, mais une méthode
impérieuse, tyrannique de sa nature, et que
l'homme qui l'aura pratiquée sera exposé à appli-
quer à tout. Le peuple qui soumet à l'esprit d'e-
xamen et son roi et ses représentants, ses lois et
ses institutions, dans l'ordre temporel, se de-

mandera infailliblement quelle est la raison, la vertu, la valeur d'un pape et d'un clergé, des lois et des institutions de l'Eglise, dans l'ordre spirituel, de là il osera franchir la limite sainte et demandera à l'autel sa raison, à la croix sa vertu, il répétera ce qu'a fait la société Européenne au siècle où l'esprit d'examen avait dominé l'amour, l'avait détourné de son cours et corrompu sur la fange de la passion.

Le catholicisme pur veut un peuple qui ait la foi dans l'ordre spirituel et dans l'ordre temporel et réserve la réflexion pour la pratique journalière et modeste de la loi morale. Ce peuple a vécu au temps féodal. La liberté veut un peuple qui se gouverne par lui ou par des délégués et donne à ces derniers un mandat pris dans la solution des questions que soulève notre nature, solution que ce peuple se sera donnée à lui-même. Ce peuple, nous l'avons été dans les orages révolutionnaires.

Les deux principes représentés par ces deux peuples sont l'amour et l'esprit d'examen, principes ennemis de toute nécessité, opposés comme la force d'expansion ou d'union est opposée à la force de concentration ou de division, principes qui se sont combattus, ont triomphé tour à tour, et succombent aujourd'hui sous le poids de la vieillesse, remplacés par le principe nouveau de l'utilité.

M. De Lamenais a voulu souffler la vie sur ces deux principes à l'agonie, mais il ne leur a imprimé qu'une commotion galvanique qui s'est repercutée dans son style et nous a offert le triste spectacle de l'auteur sur l'*indifférence* en *matière de religion* empruntant au romantisme, cette révolution littéraire, la forme inséparable du principe des révolutionnaires politiques, défendu par le prêtre, et nous avons reçu les paroles d'un croyant!

Nous n'avons point fait une digression, car nous sommes restés dans les limites de notre sujet en appuyant sur un des aspects de l'éloquence judiciaire. Il est certain que nous pourrons toujours poser ce problême : l'avocat partageait-il le système du prêtre journaliste? Question qui s'adresse moins à M. Janvier qu'à l'art oratoire resserré dans le genre judiciaire, et qui conduit à cette autre : l'avocat philosophe éprouvera-t-il le besoin de faire preuve d'un système, ne sera-t-il pas plutôt appelé à se placer avec intelligence dans le système attaqué? Ce que M. Janvier avait à faire, il l'a fait avec succès, et le barreau de Paris a pu écouter avec étonnement ce nouveau langage de la province venant commenter devant la capitale la pensée philosophique éclose dans son sein. La position de M. Janvier était originale, surtout périlleuse ; elle jetait devant la ville des lumières un avocat jeune et dont la réputation n'avait guères franchi les limites de son département, elle le montrait à côté d'un des plus grands écrivains du 19ᵉ siècle , et qui plus est, de son plus profond penseur. Mais qui arrêtera la force de l'homme dans la voie de sa mission! dans telle autre circonstance M. Janvier n'eût atteint, peut-être, qu'un effet secondaire ; défenseur d'un philosophe, il usa de la pensée avec facilité et bonheur, et présenta pour plaidoirie l'explication remarquable d'un système que l'on est forcé d'admirer tout en le critiquant. Il demanda cette explication et à l'histoire et à la philosophie, et dans le rapide et brillant exposé auquel il se livra sa parole laissa souvent tomber dans son cours de ces pensées fortes, brièvement formulées dans une phrase vive et tranchante, et devant lesquelles l'auditeur s'arrête comme le plongeur

devant la perle sur laquelle roulent les flots. C'est
même le côté saillant de M. Janvier de préciser
admirablement son sujet en quelques mots, à la
façon de nos moralistes, déconcertant un inter-
locuteur qui hésite entre le fait d'entrer dans
l'intimité d'une pensée jetée en bloc, et une ré-
ponse rapide mais incertaine. Tous les hommes
supérieurs se complaisent dans l'usage de ces formules qui donnent en substance ce que le livre
seul peut offrir analysé, commenté. Du reste le
barreau n'est pas la scène où M. Janvier manie
son arme avec le plus d'avantages; il lui faut
l'entraînement et les degrés du dialogue, mais
alors il est d'une supériorité incontestable, et au
milieu des illustrations de la capitale il rencon-
trerait rarement l'expression rivale de la sienne.

La défense de l'*Avenir* est parsemée de ces
traits hardis qui accusent un esprit sûr de sa
force; nous y lisons ces mots frappants de précision et de justesse sur le rapport intime de la
révolution politique et de la révolution religieuse : « Une révolution politique a souri à M. de
La Mennais, parce qu'elle amène nécessairement une révolution religieuse; l'une des deux
ne reste jamais solitaire; elle précède l'autre
quelquefois, mais elle l'appelle; et il y a dé-
sordre jusqu'à ce qu'elles se soient rejointes. »
Plus loin, l'avocat appuie sur la nécessité des
croyances. « Les croyances sont un principe
d'union entre les hommes, plus encore que les
intérêts. Ces derniers n'engendrent que des al-
liances éphémères et factices; les seules qui
aient de la durée et de la réalité se fondent sur
une conception identique de droits et de devoirs;
elles ne se bornent pas à opérer un rapprochement extérieur, elles lient et relient les âmes et
méritent ainsi par excellence le titre de religion.»

Ailleurs, parlant des bienfaits de l'église, il se sert de cette figure riche d'une métaphysique poésie : « L'histoire ne juge les institutions politiques et religieuses que par leur action générale sur la société. Or il est manifeste que l'église se mouvant dans l'unité du pape, imposante et mystique figuration de Dieu, a servi en grand la vérité et la justice. »

Nous ne voulons pas multiplier les exemples, ils abondent. Viennent ensuite les idées heureuses et jetées avec une sorte d'abandon, mais toujours sérieuses ; ici : « Le despotisme est immortel sous le ciel de Constantinople. » Ailleurs, l'avocat peignant le prêtre se vouant au journalisme, l'expression cachera le côté commun du sujet : « M. de La Mennais pensa qu'il devait descendre des hauteurs de la dialectique transcendantale, et se jeter, fort de ses doctrines, au milieu des faits. Il énuméra avec une analyse qui eût le tranchant d'un scapel et l'éclat d'un flambeau, les diverses causes qui avaient concouru à l'indifférence. »

Les citations, les rapprochements ingénieux se trouvent à chaque page et témoignent de la rapidité du coup-d'œil de l'intelligence en même temps qu'ils exposent le fond d'une haute appréciation de l'histoire. Ecoutons l'avocat frappant de sa réprobation le *gallicanisme*, œuvre du grand roi. « Les principes religieux de Calvin qui conduisent aux principes politiques de Jurieu, l'inventeur de la souveraineté du peuple, ne pouvaient convenir au prince qui affectait de répéter : *L'Etat, c'est moi.* Il se garda bien d'une scission loyale avec le Saint-Siége ; il s'accommoda mieux de ce schisme bâtard connu sous le nom de *gallicanisme*, et qui est au *catholicisme* ce que *l'anglicanisme* est au *protestantisme*. Louis XIV en

France, comme Henri VIII en Angleterre, voulut investir le despotisme d'une sanction religieuse. Par des moyens différents il arriva au même but.»

Rien n'égale l'action de la pensée chez M. Janvier; elle va, vient, court en tous sens sur le sujet, se resserre dans une formule, puis s'en échappe et va s'épanouir en une brillante analyse; l'histoire devient alors un thème large et splendide qu'elle travaille avec bonheur; chaque fait, chaque personnage reçoit son mot, sa signification, et dans l'entraînement de sa course, l'avocat vous laisse à peine le loisir de mesurer ses mouvements et d'embrasser sa pensée. Voulez-vous savoir comment il stigmatise 1815 : « La restauration vint, je reconnais qu'elle combla plusieurs de ses ministres de dignités et de richesses. La restauration dora les chaînes du clergé, elle ne les brisa pas; si elle le caressa, ce fut pour mieux l'asservir et pour mieux s'en servir. Malheureusement il se laissa séduire; il se fit le champion du pouvoir absolu, et la religion, qui ne se sépare du clergé que par une abstraction au-dessus du sens commun, tomba plus que jamais dans un discrédit effrayant. Les vieux ressentiments étaient usés; ils ne ressuscitèrent que chez un petit nombre; la multitude se détacha sans colère, avec ce calme insultant qui règne dans des adieux adressés à un ennemi que l'on ne craint plus et que l'on fuit pourtant, parce qu'on est lassé de combattre. »

Pour arriver à la connaissance intime du talent, il faut reconnaître quel est l'élément indispensable de sa force, celui qui dispense la vie aux éléments secondaires, qui est la sève à laquelle ils puisent : dans M. Janvier, cet élément est la pensée philosophique; il procède sans cesse par elle, il ne conçoit l'image qu'à la

surface polie de la formule ; de là un style figuré
qui lui appartient en propre et qui ne manque ni
d'éclat ni de grandeur ; nous en citerons deux
exemples. L'avocat esquisse à grands traits Napoléon alors qu'il se laissait pressentir dans
Bonaparte. « Qui doute que le consulat n'ait pré-
ludé sciemment à l'empire ? Quand le jeune héros
de l'Egypte et de l'Italie pactisait avec le saint
Père, il méditait de placer sur son front radieux
de l'éclat de cent victoires la couronne de Charlemagne. A l'exemple de Charlemagne qu'il efface en voulant le copier, il s'alliait avec le suc-
cesseur de Léon III, afin d'obtenir plus tard de
lui qu'il vînt jusqu'à Notre-Dame le marquer de
l'onction qui long-temps sacra les rois et les em-
pereurs. Lui aussi il voulut régner par la grâce
de Dieu et en avoir reçu son épée. Il lui plut
d'être appelé le fils aîné de l'Eglise, le fils chéri
du vicaire du Christ. Sans doute il se dépouillait
de ses titres pour éblouir la crédulité du vulgaire ;
il répétait aux Français les scènes que naguères
il avait jouées si habilement aux Arabes. Il ne lui
en coûtait pas plus de se faire adorateur de l'E-
vangile que du Coran. Peu lui importe de repré-
senter le Christ ou Mahomet ; il parodiait au na-
turel le calife de la Mecque ou le lieutenant de
Rome. Mais cet hypocrite sublime avait jugé
utile d'établir une transaction entre la papauté
et l'empire, il avait stipulé le concordat dans des
vues et pour les besoins d'une politique qui n'a
plus rien de commun avec le régime de la liberté
politique et religieuse. » C'est encore l'idée systématique qui fournit à l'image suivante chacun
de ses détails de couleur et de forme : « Dans ces
brillantes et profondes écoles du dix-neuvième
siècle, on comparerait volontiers le catholicisme
à un arbre majestueux qui a nourri de ses fruits

et abrité de sa verdure une longue suite de géné-
rations, mais que les vers ont gagné par les ra-
cines, qui n'a plus de sève que dans de lointains
rameaux, et qui avant peu d'années se dissoudra
en poussière. »

Ce ne serait pas assez pour l'avocat de faire
preuve du talent d'historien et de philosophe, il
lui importe surtout de jeter dans ses pages la
verve de l'orateur; placé si haut, M. Janvier
sent la pensée agrandir en lui le sentiment et
faire bondir l'énergie, il frappe son auditoire
par le ton mâle de son langage, et c'est avec
une éloquence entrainante qu'il écrit la page
philosophique; laissons-le se faire connaître lui-
même : « Qu'on ne pense pas que chaque chré-
tien qui s'est senti capable d'instruire ses frères,
ait cherché de son côté à moissonner des âmes.
L'unité de direction était nécessaire pour que la
récolte fût abondante. En ne considérant les
choses que sous le point de vue philosophique,
le christianisme ne pouvait pas débuter par la
prédication des *quakers*; le sacerdoce eût été
sans autorité, s'il se fût réduit à l'inspiration ac-
cidentelle, individuelle. L'Eglise n'a converti les
nations que grâce à sa hiérarchie; autrement il
lui eût été impossible de maintenir l'identité de
la foi; et qui ne sait qu'une doctrine quelconque
n'a la force du prosélytisme, qu'autant qu'elle
s'annonce avec ce caractère invariable, uni-
versel, qui est le signe ou du moins la splendeur
de la vérité. C'est la centralisation de la puissance sacerdotale qui a déterminé ses succès
dans le monde, et il est frappant combien la désorganisation ecclésiastique a correspondu à la
désorganisation politique. Toutes les deux étaient
en France au comble, quand Charlemagne, fidèle
aux exemples de son père, et quoiqu'on ait cher-

ché par des faits de détail à dénaturer la source essentielle de son autorité, fit de l'empire une dérivation de la papauté. Le souvenir de celle-ci n'était pas éteint en deçà des Alpes, mais son influence s'y était paralysée depuis près de deux siècles, par d'effroyables désordres. De Léon III à Grégoire VII, il y eut un nouveau et long bouleversement auquel encore la papauté mit fin. Toutes les fois qu'elle marcha et grandit, elle emporta l'humanité dans son mouvement d'ascension, elle l'emporta de telle sorte que tout ce que celle-ci possède de bonheur et de vertus, elle le doit au Christ, mais par l'entremise de son Vicaire. Si donc nous avions les idées des païens qui décernaient l'apothéose aux bienfaiteurs de l'humanité, nous placerions les papes au rang de ces dieux que leur gloire est d'avoir chassé du Ciel, où ils usurpaient la place du Dieu unique et infini. »

Tel est l'ensemble de la défense remarquable qui fit acquitter M. de La Mennais; M. Janvier s'y montre avocat philosophe et se crée une éloquence nouvelle, pour ainsi dire, dans l'histoire du barreau français. Nous ne prétendons pas affirmer que l'œuvre soit d'une perfection minutieuse et d'une forme inattaquable; çà et là des défauts se montrent, le discours est tant soit peu redondant par la fréquence des formules, mais l'empreinte d'une intelligence rare s'y fait sentir, et l'esprit du critique reste comme suspendu entre des incorrections passagères et le premier rayon du génie qui s'efforce de se montrer.

De nos jours que les types se corrompent, que les genres se confondent, que la poésie se fait éloquence et l'éloquence poésie, il serait plus opportun que jamais de ramener le genre et l'espèce à la composition qui leur est propre. La

poésie, et la poésie lyrique mérite seule ce nom,
la poésie est la naïve expression de l'amour
avide de l'infini; l'éloquence, au contraire,
est l'expression rigoureuse de l'intelligence
discutant les faits humains et provoquant, par
la vérité de l'argumentation, deux manifestations secondaires de la sensibilité, l'énergie qui
défend, la véhémence qui accuse. Pour appré-
cier l'étendue et la mâle beauté de l'éloquence,
pour voir précisément ce qu'elle doit être, il faut
se pénétrer profondément de ce principe que
l'orateur procède par la pensée, à la différence
du psalmiste, qui la chasse, comme une tache,
de sa pure mélodie· Mais de la position que pren-
dra l'intelligence de l'orateur, dépendra la forme
de son langage, la puissance de son action. C'est
ici que le talent de M. Janvier laisse apercevoir
son secret. Métaphysicien, libre surtout dans la
formule, entrant dans l'idée de la chose dont il
néglige le dessin et le contour, arrivant à la vérité abstraite plutôt qu'à la vérité concrète, ha-
bile à dire le pourquoi d'un fait plutôt qu'à le
revêtir de la forme artistique, M. Janvier pèche
par la plastique et le nombre de la phrase.
Certes, et nous le prouverons tout à l'heure, ni
le feu, ni l'audace, ni la noblesse du langage
manquent à M. Janvier. Nous prétendons seulement que ce sens que l'âme semble emprunter au
corps, qui permet à l'orateur de caresser la phrase,
de la palper, pour ainsi dire, comme le statuaire
palpe le marbre, sens qui semble le lien de notre
double nature, faillit par fois dans l'orateur en-
clein à négliger la surface pour le fond. Mais ce
que le discours perd en harmonie, il le gagne en
vigueur, l'idée y est toujours sûre, et la rapidité
qu'elle communique au style lui donne un entraînement remarquable. Il faudra donc à M. Jan-

vier l'improvisation avec ses hardiesses, ses
hasards ; un sujet imprévu fera jaillir de
l'intelligence l'idée en une multitude d'étin-
celles, et l'on pardonnera à la forme ce qu'une
lecture attentive ne sanctionnerait pas toujours
de l'approbation. L'expression de M. Janvier
faiblit sur le papier, elle s'y décolore; privée de
la vie que lui communiquaient et l'accent et le
geste, elle semble incertaine et cherchant un
appui qu'elle n'a plus. Un bon discours improvisé, a dit Fox, sera toujours un mauvais discours écrit; cette sentence, qni ne peut s'appli-
quer aux anciens, met parfaitement sur la voie
de l'éloquence moderne moins spéciale, plus
amie des contrastes, agitée et ne naissant point
d'un seul bloc comme la philippique athénienne et
la catilinaire romaine. Nous dirons donc de M.
Janvier ce qu'il faut dire de tant d'autres : pour
saisir l'ensemble, la puissance de son talent, il
faut l'entendre, suivre sa parole facile et incisive
creusant à chaque pas une profondeur, fertile en
images, audacieuse dans ses mouvements et re-
cevant sur ses lignes agitées la lumière dont
l'inonde un regard d'aigle. Alors l'orateur a des
moments sublimes, cette verve qui l'anime bouil-
lonne et prend un accent épique, sous ses traits
de feu passent glorieux les grands faits et les
grands caractères, La Menais apparaît avec son
auréole, et la Vendée entendra son héroïque écho.
Cet homme qui ne tient à la nature physique que
par le lien le plus délicat, le voici qui grandit
et se fortifie au contact d'une âme ardente, et,
chose merveilleuse, le corps le plus frêle prête à
la pensée une voix inépuisable; durant de longues
heures l'avocat sera puissant et dans une péroraison éclatante ne sentira faiblir ni l'organe ni
la pensée. Cet ensemble du talent explique le rôle

éclatant et neuf auquel M. Janvier a été appelé
par les départements de l'ouest, rôle magnifique,
ainsi que nous en jugerons bientôt, le plus grand
que 1830 ait créé pour le barreau.

Le mérite réel de M. Janvier est de s'élever par
son intelligence à la hauteur d'une rare mission :
du point de vue de sa métaphysique il embrasse
l'harmonie des opinions et des croyances, et alors
que la notion lui serait étrangère, son instinct le
tromperait rarement. M. Janvier a prêté son
talent successivement à M. de La Mennais, aux
moines de Melleray, à la cause vendéenne, et
souvent ses pas furent suivis de l'acclamation du
triomphe. De Rennes à Orléans, d'Orléans à Nantes, M. Janvier courut à la défense des plus illus-
tres accusés ; les populations entières, Orléans
l'a vu dans son sein, l'entouraient de leurs mar-
ques d'admiration et l'avocat angevin donnait à
la France le singulier spectacle de la parole con-
quérante sillonnant l'ouest en tous sens, écoutée
avec recueillement, applaudie avec enthou-
siasme. Quelque chose du génie se rencontre ici ;
plus nous avancerons dans l'étude de l'homme,
plus nous serons frappés de ce que nous disions
ci-dessus, qu'au milieu des défauts du discours
apparaît à son aurore le génie qui tente de se
frayer un passage.

La défense de l'abbaye de la Melleray est l'œuvre du jurisconsulte et de l'écrivain politique ;
nous pourrions y suivre, à loisir, une direction
nouvelle de l'esprit de l'avocat, y puiser de nom-
breuses preuves de cette extraordinaire aptitude
à rassembler vite les éléments du discours, juger
le fort et le faible d'une cause et développer dans
un imposant ensemble les détails d'une nom-
r   analyse. Homme d'affaires, M. Janvier
étonne encore par la fécondité de la pensée ; le

3

travail de l'instant lui suffit, car une fois que le
fait est connu, l'avocat n'a plus à s'occuper de la
forme qui naîtra d'elle-même et sans effort sous
la chaleur fécondante d'une intelligence ardente.
Il nous serait donc aisé de faire apparaître l'avocat à l'œuvre journalier et vulgaire ; mais nous
reviendrions nécessairement sur ce que nous
avons déjà dit de ses ressources, de l'abondance
de sa parole, et nous tenons pour préférable de
de circonscrire M. Janvier dans la sphère élevée
mais exceptionnelle où l'a placé naturellement,
le caractère exceptionnel aussi de son talent.
Nous parlerons donc peu de sa défense de l'abbaye
de Melleraye, quelqu'en soit d'ailleurs le mérite incontestable, et nous ne lui emprunterons
que quelques citations. Nous dirons que les lois
de l'empire et de la restauration y sont interpré-
tées d'un point de vue élevé. M. Janvier éta-
blit une distinction radicale entre les associations
et les corporations. Le droit d'association est
inhérent à la nature de l'homme ; sans l'association, point de famille, point de patrie. Pas-
sant aux corporations, voici comme l'avocat
les définit : « Nulle corporation, sans doute, n'a
la prétention de vivre naturellement, elle n'est
qu'une fiction légale, que le législateur, suivant
les exigences de temps et de lieu, évoque à l'être
ou replonge au néant. »

Cette plaidoirie fut le dernier mot à l'appui des
institutions monastiques. M. Janvier était ainsi
destiné à inspirer son langage du caractère du
passé ; aussi nous révèle-t-il l'instinct de la mâle
grandeur et semble-t-il recevoir d'un temps de
héros et de gloire cette noble virilité que soulève
la verve de son âme ; le voici en présence de la
Bretagne à laquelle il présente son illustre en-
fant, l'abbé de La Mennais :

« Sur une terre féconde en grands hommes, c'est assez dire qu'en ce moment je la foule cette terre, et je la sens sous mes pieds qui frissonne d'orgueil d'avoir fourni, pour soutiens à l'antique foi de nos pères, les deux premiers écrivains de l'époque ; là, dans votre Bretagne, et ce ne pouvait guère être que là, un prêtre s'est rencontré qui s'est enfin ressouvenu de son titre, et qui, prétend-on, dans un élan de foi et de fierté sublimes, a osé crier au siècle : Je te montrerai ce que c'est qu'un prêtre.... Et en effet, il s'attaqua hardiment à cette indifférence qui avait saisi les âmes : s'il ne parvint pas à les convaincre, il les força à combattre. »

La virilité d'un grand cœur aime à s'épanouir en une auguste clémence, le visage du vainqueur s'ennoblit de la douce larme du pardon, qu'il sentait bien cette vérité, l'orateur qui s'écriait sur le sol de l'indomptable et chevaleresque Bretagne : « Paix et respect aux opinions qui contrarient le plus les nôtres, à moins que le dissentiment ne dégénère en aggression ; alors guerre pour guerre, guerre à mort, j'y souscris, pourvu que la clémence soit l'aumône de la victoire. » Sublimes et touchantes paroles que l'on dirait écrites avec le glaive sous l'inspiration de l'évangile !

La défense de M. de La Mennais s'était circonscrite dans la formule philosophique, le procès de l'abbaye de Melleray faisait apparaître à côté de la discussion légale l'humilité et le dévouement de la vie monastique, il avait valu une péroraison sublime à une institution qu'abandonne l'esprit du temps et que ne soutiennent plus les lois ; mais jusque-là, la condition de l'éloquence, le fait qui l'anime et la colore de l'ardeur de la passion humaine dont il témoigne, cette condition avait failli à l'orateur. Or, voici que le lendemain de la catastrophe de 1830, la Vendée, au souvenir encore palpitant de son passé, s'agite et porte une main indécise sur l'arme de l'insurrection. Ce qu'elle fit, ce qu'elle pouvait faire, chacun le sait: l'ardeur fit taire la pensée prudente, les forces ne vinrent point appuyer la tentative, et forcée de fuir le grand jour, l'imprudente Vendée porta çà et là, dans l'ombre, quelques coups égarés, triste rapprochement avec ces combats qu'elle livra à la république, et que Napoléon a nommé des combats de géans. Le résultat était facile à prévoir : chefs et soldats succomberaient bientôt sous la force ; la noblesse vendéenne irait infailliblement dans la personne de quelques-uns des siens rendre compte de ses actes insurrectionnels, à la justice du pays: MM. de Civrac et Moricet furent traduits devant la cour d'assises d'Orléans. La situation de tels accusés était grave et à vrai dire nouvelle : c'était l'antique noblesse coupable envers le gouvernement de 1830, l'esprit de la monarchie féodale en rebellion contre le libéralisme du 19ᵉ siècle. Cette cause était solennelle : débattue au sein des départements de l'Ouest où sommeillera encore long-temps l'esprit des temps écoulés, elle devenait grandiose et appelait les mouvements de l'éloquence du forum nuancée de la teinte chevaleresque du caractère féodal. Quelle grandeur! quel éclat! M. Janvier fut choisi par la Vendée entière pour dire une si magnifique défense, et le barreau de la capitale ne fut point appelé à la cause politique la plus célèbre de ces dernières années, pas plus qu'il ne l'avait été à la manifestation de la conception d'un immortel écrivain. Ainsi cet avocat, parmi tant de hautes renommées, fut successivement choisi par le génie philosophe, par l'ordre monastique et par les derniers représentants de la foi et de l'esprit monarchique. N'y a-t-il pas sous ce fait une instruction pour l'observateur critique? quel est donc ce talent qui, sans une spécialité rigoureusement déterminée, va de pair avec les plus grandes célébrités et à travers des défauts de détail, marche au but le plus élevé que pût ambitionner l'éloquence du siècle?

Quand M. Janvier se leva pour la Vendée accusée, les antipathies du libéralisme étaient vieillies, et l'esprit commençait à apporter le calme et l'impartialité dans l'appréciation de nos époques révolutionnaires. Au moment où nous écrivons, cette réaction des intelligences sur les faits est sensible; bientôt 1789 apparaîtra dans sa vérité, dans sa grandiose mais horrible nudité. Influence irrésistible d'un grand événement! accompli depuis long-temps, il entraîne encore à sa suite l'étourdissement des âmes jusqu'à ce que l'agitation, se fatiguant d'elle-même, vienne expirer sur les limites du temps, telle que l'onde qui, bouleversée dans son sein, dépense sa vigueur dans des ondulations successives, s'affaiblit à mesure qu'elle s'avance et expire sur la rive. Le calme revient dans les esprits, la sérénité descend dans les cœurs; après avoir accordé à des faits monstrueux l'admiration de l'ivresse, les âmes se tournent vers le fait qui provoque l'amour, et l'histoire des guerres de la Vendée n'est plus seulement un épisode obligé de notre révolution, c'est l'oasis à l'ombrage du quel le cœur de l'écrivain se repose et respire sous le ciel de feu de la passion orageuse, passion sans larmes comme le ciel du désert est sans pluies. Aux hommes qui dans des jours de délire firent le mal pour le mal, nous vouons notre horreur, aux hommes qui se déterminèrent au crime comme moyen d'un gigantesque résultat, nous pouvons conserver l'admiration qui s'attache aux grandes choses, mais le peuple qui aura subi le martyre de la foi, aura droit à la sympathie de tous, et c'est le point de départ que dans son dégagement de toutes préoccupations d'un étroit système, M. Janvier a accepté comme le principe généreux d'une philosophie nouvelle.

Nous nous arrêtons, car nous anticiperions sur la tâche de M. Janvier, et il l'a remplie d'une façon sublime. Désormais nous ferons connaître la Vendée par l'avocat lui-même ; voici comment il décrit les mœurs de ce paysan vendéen si peu compris par l'esprit rétrograde, de cette noblesse antique pour laquelle le siècle n'a plus de place :

« Je puis confesser, sans risque pour le marquis de Civrac, une longue suite d'aïeux, dont plus d'un est glorieusement cité dans les fastes de la monarchie....

Quand la révolution vint, sa famille, placée dans la confiance et l'amitié des princes, s'attacha à leur destinée ; elle voulut s'associer à leurs revers comme elle avait été admise au partage de leurs grandeurs ; elle les suivit dans leur exil.

La jeunesse de mon client se passa sur la terre étrangère ; il fit courageusement ce qu'il croyait son devoir de gentilhomme. Mais dès que la France eut recouvré quelque sécurité, sous la domination réparatrice d'un grand homme, il revit la France et s'unit à l'héritière d'une des plus nobles maisons de la Vendée. Depuis, il fixa sa demeure dans ce château, autour duquel existaient jadis de nombreux vassaux, se souciant peu d'être devenus fermiers. La féodalité, si oppressive et si spoliatrice sur quelques parties du

royaume, dans le Bocage s'était maintenue tuté-
laire et chérie. Au jour des représailles, elle n'eut
point de torts à expier. Les lois abolirent les
titres des seigneurs et modifièrent à peine leurs
rapports. Depuis long-temps les droits de la pro-
priété et du travail s'étaient mis en harmonie
sans l'intervention du législateur. C'était dans le
Bocage une image des montagnes de l'Ecosse.
Le fief vendéen, de même que le clan écossais,
ressemblait à une parenté unique, dont le chef
identifiait ses priviléges à l'avantage de tous. On
lui rendait en dévouement ce qu'il accordait en
protection, et sa familiarité provoquait davantage
à la vénération. Vous ne serez pas surpris que le
marquis de Civrac ait conservé, jusqu'à un certain point, cette paternité patriarchale ; il l'a con-
servée sans la rechercher: il en demeure investi
par la libre reconnaissance de son pays, parce
qu'à l'exemple de ses devanciers, il est resté la
providence des malheureux, parce qu'il a conti-
nué de rétribuer généreusement les sueurs qui
fécondent ses sillons, parce que jamais le froid
et la faim ne frappent, sans être exaucés, à sa
porte hospitalière, parce que sa femme et ses
filles s'en vont, anges de bonté et de consolation,
découvrir et soulager des misères qui se cachent
sous des toits de chaume, parce qu'enfin il est le
modèle de ces austères et touchantes vertus, qui
rappellent les temps anciens, mais que le siècle
comprend assez encore pour les honorer. »

L'homme humble trouvera dans son cœur un
dévouement sublime à la vérité, parce qu'il agira
convaincu et sans l'arrière pensée compagne inséparable de l'orgueil. La Vendée se leva forte de
l'amour qui donne l'héroïsme et élève au martyre ; l'avocat exprime cette idée en termes généreux :

« Ne vous méprenez pas sur le résultat de ce procès. La Vendée l'attend dans l'impatience et dans l'anxiété. J'ai eu occasion de proclamer, et je répète, que les supplices la trouveraient indomptable. Une des gloires de Napoléon est de l'avoir compris... Il comprit qu'il fallait d'autres moyens que les terreurs judiciaires à l'égard d'un peuple que la Convention avait essayé de condamner en masse, contre lequel elle avait porté un arrêt d'extermination universelle. La nature elle-même, ai-je ajouté quelque part, ne devait pas être épargnée, apparemment parce qu'elle était complice de ceux qu'elle nourrissait. C'était bien un arrêt : mais dans des proportions gigantesques. Dieu ! qu'il s'accomplit avec rigueur ! ! ! Des amas d'ossements blanchirent les champs dévastés ; ou eût cru qu'il fallait ramasser les pierres des maisons renversées et construire un grand monument, pour que la postérité n'ignorât pas où avait existé la Vendée! Eh bien, quelques années après, elle était debout et en armes, comme si les guérets engraissés avaient produit des moissons de soldats, ou, comme si ces os que je viens de dire, s'étaient crié les uns aux autres: *Levons-nous et ressuscitons des armées!* »

M. Janvier entre dans son sujet, et par un récit animé entraîne avec lui ses auditeurs au milieu des infortunes et des angoisses de ses nobles clients ; nous voudrions faire connaître le passage où parlant des bandes qui sillonnèrent le sol de la Vendée, il dit combien elles furent impuissantes, par quelles infortunes elles passèrent, nous ne pouvons cependant résister au désir de citer la fin de ce remarquable passage :

« Ces bandes, s'écrie l'avocat, se sont traînées chétives, harcelées, avec la conscience de leur nullité, attendant les événements et incapables de les susciter ; tout au contraire d'avoir été le germe

d'une Vendée, ce sont elles qui en ont fait avorter
la récente tentative. En effet, ce sont elles qui ont
excité la sollicitude du pouvoir et lui ont suggéré
les précautions auxquelles il a dû de n'être pas
surpris et attaqué sans défense. Lorsque cette
princesse, qui n'a pris conseil que de ses illusions
maternelles, et qui a improvisé la plus aventu-
reuse des entreprises, lorsqu'après avoir, mys-
térieuse et fugitive, traversé la France, elle est
arrivée dans la Vendée, elle y a trouvé tout pré-
paré contre elle, et rien pour elle : elle a dû mau-
dire cette chouannerie inutile, qui n'avait servi
qu'à rassembler les forces imposantes, devant
lesquelles l'insurection n'a osé surgir, ou a été
aussitôt écrasée. »

Le style grave s'élève avec le sujet et trouve le
secret d'unir la grandeur et l'infortune ; le cri de
la noble pitié s'échappe de la poitrine de l'orateur
emportant aussi dans ses accents l'hommage,
que le cœur rendra toujours malgré la résistance
systématique de l'intelligence, à une grandeur
déchue ; M. Janvier soutiendra admirablement ce
ton du discours et sa phrase se drapera noble,
héroïque comme ses personnages. Comment lire
sans une admiration mêlée d'attendrissement, le
portrait qu'il trace de la famille de Cathelineau,
et de Madame de Lescure :

« Quel eût été, dit l'avocat, le principal orga-
nisateur de la conspiration ? Cathelineau.
Dans une cause où il joue un rôle si impor-
tant, si tragique, vous me pardonnerez de
vous entretenir de lui avec quelques détails. Il
était le seul fils de ce Cathelineau dont je vous ai
parlé . . . . ; mais il avait quatre sœurs ;
tous les cinq étaient dans la plus tendre enfance
quand leur père mourut... Leur mère les traîna à
la suite de l'armée vendéenne ; elle les sauva

avec peine du fer et du feu. Mais elle ne les eût pas sauvés de la faim s'ils n'eussent trouvé une seconde mère, une mère adoptive dans la veuve de Lescure, devenue l'épouse d'un La Roche-jaquelein. — Cette femme destinée à des unions héroïques et à de si tristes veuvages, cette femme dont la France a admiré les attachants récits sur la Vendée, et plus remarquable encore par ses vertus que par son esprit, votre cité doit être fière de la posséder aujourd'hui dans ses murs. Elle prit sous sa bienfaisante tutelle, les enfants dévorés par la misère, du généralissime des armées Catholiques et Royales. Elle n'avait trouvé que de faibles débris de son patrimoine, elle voulut les partager avec ceux qui avaient souffert pour la même foi, elle pensa que le fils de Cathelineau devait recevoir une éducation, grâce à laquelle il pût comprendre son père. »

La femme vient de poser sous une forme héroïque, c'est l'homme qui apparaît maintenant, c'est Cathelineau le père de l'infortuné protégé de madame de Lescure, c'est le grand et populaire nom de la Vendée qu'évoque l'avocat; transcrivons ces paroles qui ne mourront qu'avec la dernière âme vendéenne :

« Non loin de Beaupreau, on trouve le village du Pin-en-Mauges, et c'est-là qu'il y a quarante ans, vivait probe, pauvre et pieux, un voiturier qui s'appelait Cathelineau. . . . .
. . . . Le Cathelineau dont je parle en ce moment, le 18 mars 1793, au matin, pétrissait de ses mains le pain grossier destiné à nourrir la nombreuse famille que le ciel avait accordé à son indigence. Tout-à-coup il quitte ce travail si vulgaire, pour commencer une des plus grandes entreprises dont le monde se soit étonné. Il ap-

pelle à lui vingt-sept de ses parents, de ses voi-
sins, de ses amis, et (qui le croirait) avec cette
misérable armée, il ose déclarer la guerre..... à
qui, messieurs?.... à la Convention, au plus fort
de sa puissance et de ses fureurs; à la Convention, qui se déployait imposante et terrible contre l'Europe conjurée, et qui, quelques jours
auparavant, lui avait jeté une tête de Roi en signe
de défi et d'outrage.

» Cathelineau, il est vrai, envoya, en quelque
sorte, comme dans les Clans écossais, la Croix
de bois, marquée de feu et de sang, et accou-
rurent autour de lui en foule et avec enthou-
siasme, des paysans, des tisserands, des ma-
çons, des sergers, tout ce qu'il y avait de plus
humble et de plus obscur. Les grands seigneurs
ne vinrent qu'après; ils suivirent courageusement l'exemple : ils ne le donnèrent pas.

» D'éclatants succès confirmèrent l'autorité de
ce chef qui s'était suscité presque par miracle.
Il attaqua des troupes brillantes et disciplinées;
avec des bâtons et des fourches, il conquit des
munitions et des armes : il gagna des batailles,
il emporta des villes; et ses compagnons ne
surent par quels honneurs glorifier tant de cou-
rage, de sagesse et de modestie. Les La Rocheja-
quelein, les Bonchamps, les Lescure, et toutes
les illustrations de là Vendée élurent pour leur
général, le voiturier Cathelineau. Les grands
hommes ont le pressentiment secret de la position qui leur convient; il n'eut pas besoin que,
comme à Saül, Dieu lui ôtât le cœur de sa pré-
cédente condition; il s'en trouva de suite un
conforme à sa haute dignité.

» Ce bras qui n'avait jamais brandi qu'un fouet
ignoble, agita majestueusement l'épée du com-
mandement et de l'extermination. Quatre mots

suffirent à lui mériter une de ces renommées qui ne périssent pas dans les siècles. Cet homme qui n'avait de science que les enseignements des simples, sans le savoir et sans le vouloir, il imita les plus beaux dévoûments de l'antiquité; comme Léonidas et Fabius, dont jamais il n'avait ouï parler, au siège de Nantes, il se choisit trois cents des siens, pour consommer avec lui un dernier triomphe ou un dernier sacrifice.... Ce fut un sacrifice.... Il tomba frappé au sein de la ville dont il avait forcé les retranchements... La balle homicide sauva peut-être la Révolution ; alors je penserais qu'elle aurait été conduite providentiellement. Je suis de ceux qui bénissent toujours la marche des révolutions, qui les regardent comme un arrêt, et même en tout cas comme un bienfait de Dieu envers l'humanité ; mais, vous en conviendrez, ce fut une grande victime que celle qui devait être renversée, pour que la révolution française pût passer outre par-dessus son cadavre.

» Concevez-vous qu'on ait osé, en vue de cette cause, qualifier de trames conspiratrices les résolutions soudaines et spontanées du nouveau Mathatias, qui, lui aussi, s'était écrié : « Il est » meilleur pour nous de mourir les armes à la » main que d'être plus long-temps spectateurs » des maux de notre patrie, de voir nos temples » profanés, nos prêtres proscrits, notre jeunesse » enlevée pour servir la cause de l'impiété. » Et il avait dit, et il avait donné le signal, et il s'était élancé à la victoire, et il avait trouvé la mort : et il mourut, lui plébéien de village, à la manière des anciens chevaliers, la croix sur la poitrine, le glaive à son côté : et son peuple et son armée le vouèrent à l'immortalité par le surnom de *Saint-d'Anjou.* »

En lisant cette sublime page on est prêt tour à tour et à jeter le cri de surprise et à s'épancher dans de nobles pleurs ; le génie de l'orateur semble parler penché sur la tombe d'un guerrier martyr dont l'épée se croise avec le signe d'une douloureuse rédemption, symbole qu'attacha à son écusson la noblesse vendéenne dans des jours de malheur et de gloire. La parole de l'orateur sait peindre en traits touchants la gloire dont le visage reçoit de la fureur du combat la nuance d'une vague tristesse. C'est ainsi que dans tous les âges le dernier mot de l'écrivain fut accordé à la douleur de la vie présente : Homère se voile aux funérailles où le poëme expire sur le corps glacé d'Hector; Sakespeare se désespère avec Hamlet et se lamente avec Lear sur la sauvage bruyère battue par les pluies et les vents de la tempête nocturne; le livre divin de l'Eden se ferme à la chute de l'homme; celui-là seul est grand dans le style qui laisse, au-dessus de l'idée palpable, flotter le nuage sombre de l'inquiète et amère mélancolie.

Nous avons signalé les taches à côté des beautés ; mais nous le répéterons, le talent de M. Janvier est à part, il tendrait au défaut de spécialité, parce que l'avocat est venu en ce monde, comme un guerrier qui n'a pas toutes ses armes, et qui ne trouve pas toutes les conditions du combat.

C'est un esprit hardi qui s'est élancé dans une sphère presque exceptionnelle. Les trois circonstances capitales où M. Janvier a été appelé à s'élever si haut, et comme philosophe et comme orateur, sont des circonstances particulières en dehors de la vie actuelle et qui n'offraient d'autre avantage que d'évoquer pour ainsi dire de sa tombe, une société qui n'est plus et à laquelle se rattachent tant de souvenirs de gran-

deur et de vertu. Le génie original de l'avocat
s'est emparé avec puissance de ces nobles ruines
de l'histoire, voilà la raison de sa beauté ; mais
ramené à la réalité du siècle, le génie ne trouve
plus sa nourriture, et peut-être, si n'étaient les
inépuisables ressources que l'on est en droit d'at-
tendre d'une intelligence active et forte, l'avenir
que dévorera le monstre brutal et insatiable de
l'industrie le favoriserait-il moins que les événements fortuits mais solennels de son passé !